書系緣起

早在二千多年前，中國的道家大師莊子已看穿知識的奧祕。莊子在《齊物論》中道出態度的大道理：莫若以明。

莫若以明是對知識的態度，而小小的態度往往成就天淵之別的結果。

「樞始得其環中，以應無窮。是亦一無窮，非亦一無窮也。故曰：莫若以明。」

是誰或是什麼誤導我們中國人的教育傳統成為閉塞一族。答案已不重要，現在，大家只需著眼未來。

共勉之。

莫若以明

開放的心

Élie Wiesel Cœur ouvert

September 30, 1928——July 2, 2016
Winner of the Nobel Peace Prize

文 埃利・維瑟爾

譯 沈台訓

Je crois que la réponse appartient à chacun de nous. Car il incombe à chacun de choisir entre la violence des adultes et le sourire des enfants, entre la laideur de la haine et le désir de s'y opposer. Entre infliger souffrance et humiliation à son semblable et lui offrir la solidarité et l'espoir qu'il mérite. Peut-être. Je sais – je parle d'expérience – que, même dans les ténèbres, il est possible de créer la lumière et nourrir des rêves de compassion. Que l'on peut se penser libre et libérateur à l'intérieur des prisons. Que, même en exil, l'amitié existe et peut devenir ancre. Qu'un instant avant de mourir, l'homme est encore immortel.

商周
Business Weekly Publications

〈專文推薦〉

信念、感恩和愛，送給世人的禮物

周凱旋

閱讀《開放的心》（*Open Heart*）時，李先生（李嘉誠先生）剛在手術室接受腰椎手術，兩週之前，一個常懷天真、愛著中華民族之心的人備受排山倒海的民粹政治攻擊，我真不明白厚道的人，不讓忿懣和恨侵蝕人心之法。手術門緩緩關上前，他還唏噓回首向兒子下死令，不得為輿論起伏改變他基金會奉獻大中華的初心。

維瑟爾先生這英文版九十四頁的回憶錄，卻為站在通道外等候的我上了一課。信念、感恩和愛是絕望人生經歷中反抗絕望的武器，知道以寬容和希望設置生存的路標，才可在面對冷漠無情時繼續不斷奮鬥的使命。

維瑟爾先生見證過納粹德國大屠殺，倖存並活了八十多年，一個突如其來的心臟搭橋手術，是否最後的挑戰？他淒美地形容又現眼前的死神：「前路褪去，過去化掉無蹤，在我的墓地前、我的身後，我童年的花園」。他感覺重上了二戰時匈牙利那班死亡列車。手術準備啟動時，維瑟爾先生慌張地請求醫生給他一分鐘，集中營期間曾傷心質疑為什麼被神拋棄的他，在獻出靈魂前這刻開始吟詠：「以色列啊，你要聽：耶和華，我們的神是獨一的主。」永恆的信念，在迷茫、無助之頃刻，帶來激濁揚清的恩典。看到維瑟爾先生誦念禱詞這一幕，我體會為何李先生要興建慈山寺，人久被塵勞封鎖的心靈空間；夢幻泡影，應作何觀，哲理背後，是慈悲的微笑。

兩小時手術後，李先生在麻醉恢復室很快甦醒，疲憊的他還有興趣問我看了什麼書。「作者說自己手術後，小孫兒在耳邊輕聲的問題是他靈魂的一大補劑：『如果我愛你多些，你的痛苦會少一些嗎？』」李先生聽後會心微笑著說：「完全明白。」穿越時空，兩個經歷一生傳奇的漢子，同在病榻上感恩；孫兒純真的愛消除痛苦，讓生命可總結為充滿奇蹟和希望的承諾。

《開放的心》出版後維瑟爾先生被問到：「手術讓你意志更堅強嗎？」他這樣回答：「我不知道，也許可以說有更多的知識。我對我自己的局限體會更深。我意識到一種無奈，痛苦的一刻來臨時，一顆藥丸比康德、叔本華和尼采的所有書籍更重要。這顆藥丸，比歷史偉大作家的書更有份量。這讓你很謙卑。我們很脆弱，所以要知道謙卑。」

一九八六年，維瑟爾被授予諾貝爾和平獎，以表彰他不知疲倦地為正義、人的尊嚴、自由和真理發聲。《開放的心》是他送給世人最後一深刻的禮物書，作為讀者我將永遠心存感激。

獻給瑪莉詠與我們的兒子以利沙：

正是你們的溫柔與愛，讓我得以翻越苦痛之巔，步出憂惶深谷。

E. W.

1

二〇一一年六月十六日。

「是心臟的問題。」剛剛幫我做完內視鏡檢查的查爾斯・弗里德蘭德醫生（Charles Friedlander）如此說道。我感到不解：「不是胃嗎？」

多年來，胃食道逆流一直是我的夢魘之一。我的家庭醫師大衛・賽恩菲爾德（David Seinfeld）對此知之甚詳。而他也一樣，把我接連幾個晚上所遭受的不適症狀，歸因於胃酸作祟。

瑪莉詠與我剛從耶路撒冷回來。每一年，我們都跟幾位親近的友人一起在那兒慶祝七七節（fête de Shavouot）。依循著我向來信守的傳統，友人們與我會在當天晚上來到舊城區的一間經學院（yeshiva），一起研讀《聖經》與《塔木德》（*Talmud*）的律法內容，以及自中世紀留下的經文註解。

在耶路撒冷時，日子過得順心愜意。沒有恐怖分子攻擊事件。國界上也沒有紛爭發生。我那該死的頭痛，似乎也同樣尊重著這個夜晚、這座無與倫比城市的莊嚴神聖，而按兵不動。然而，一回到紐約，我的身體突然之間舉兵造反：新出現的肩膀疼痛，非常難以忍受，而且一直痛到下巴上來。我一次服下兩片耐適恩錠（Nexium）。有些病人認為這種藥有神效，但對我毫無緩解效果。

「不是，既不是胃的問題，也不是食道，」弗里德蘭德醫生沉默了一會兒後說：「問題確實出在心臟。」

這句嚇人的話語，負載著恐懼，同時宣告著苦痛的到來。或許還預示著更糟的後果。

2

我的初級保健醫師（médecin traitant）在接到腸胃科醫生的診斷訊息後，打電話到家裡找我。在電話中，他聽起來簡直像喘不過氣來。他的嗓音緊繃不安、說話支支吾吾，而且音量比平常更大聲。我感覺他努力要克制——甚至是遮掩他的緊張與憂慮。想當然耳，他會希望可以向我宣布其他的診斷結果。但事實上，我覺得他頗值得同情，因為他必須告訴我這個即將使我天翻地覆的壞消息……

「我還在等另一個內視鏡的檢查結果，」他解釋說：「不過，從現在的情況來看，必須立即進行一項分析檢查。」

「是嗎？」

「請您立刻到勒諾克斯山醫院（Hôpital Lenox Hill）來。我人已經在這裡了。」

「為什麼呢？是因為心臟的問題嗎？真的有這麼緊急嗎？我從來都沒抱怨過心臟有什麼毛病。它從沒有讓我痛過。我的頭，常常痛，我的胃也是，而我兩條腿有時候也會發疼。但是心臟從未找過我麻煩……」我反駁道。

他終於情緒爆發：「哎呀，我可是您的心臟科醫生哪！我們這樣的談話根本毫無意義。我跟您講的事情是絕對要做的，您了解嗎？您務必趕緊過來做幾個只能在醫院進行的檢查。愈快愈好！而且到醫院的時候，請直接從急診室那邊進來！」

由於我有時也會犯傻又頑固，雖然醫生下了最後通牒，我還是「偷」了兩個鐘頭，先去辦公室一趟。我那時還有一些事務要處理。也有一些人要會面相談。比如，來自伊朗的抵抗運動人士代表團，即是其中之一。我也還要取消幾個約會，簽署一些文書信件，也必須把一些文稿找出來。

說也奇怪，我在那個時候，全然感受不到真正的不安。通常來說，我這個人比較屬於性格焦慮、做事戰戰兢兢、情感脆弱、思想悲觀的人。我並沒有心跳加快，我的呼吸正常，而且也沒有任何疼痛。身體毫無任何一絲病兆。連警報訊號也沒有。

畢竟，我不是才在三天前做完了「體檢」嗎？一系列完整、深入的檢查，包含所有可以想像得到的測試，心電圖也是其中一項，都是由向來照護我的診斷醫師所指定的項目。然而，這同一位醫師，現在卻叫我趕緊上醫院報到。沒有任何病徵顯示我有冠狀動脈方面的病症：我既無胸痛，也沒有胸悶的感覺。在我的身體裡面，到底有什麼東西忽然產生變化，才使它失去穩定狀態？

好吧，就跑一趟醫院吧，因為我那位高明的醫師一心一意要我這麼做。

我什麼東西都沒帶在身上：我沒帶書，也沒帶換洗衣物，連牙刷都沒有。瑪莉詠堅持要陪我去。我試著打消她的念頭，不過只是白費力氣。

3

在急診室中，一整群人——也就是說，一整列的專業人員——接待我的到來。抽完第一次血，馬上顯示出我的情況非比尋常：明顯有某種血管栓塞的危機。醫生們使用他們的專業術語，彼此交談了幾句。他們無異議、快速地做出清楚的結論：有必要即刻進行手術，沒有第二種選擇，而且事不宜遲。

瑪莉詠悄聲附在我的耳畔說，很巧，將執行血管擴張術（angi-oplastie）的外科醫生霍華德．柯恩（Howard Cohen），剛好也是兩年前為她動手術的醫師。我還記得這位醫生。他相貌堂堂、為人熱情，而且聰明敏銳。他的博愛胸襟與專業才幹，同樣讓我印象深刻。我們當時相處極為融洽。

「我希望，」他說：「我們也能給您完成當初為您妻子所做的成功手術：在您的血管中插入一根『支架』，以便血液可以正常地在動脈中流動。」他直視我的眼睛補上一句：「但是，我有責任要先告訴您，這個手術同樣伴隨某種風險，有可能需要做更根本性的處理。我們很快就會了解實際情況……」

在第一間手術室中，我感覺自己昏昏欲睡。我一邊抵抗著睡意，一邊努力聽懂那些簡潔而專業的交談話語。事實上，我根本聽不懂。大約一個鐘頭過後，柯恩醫生對我說：「我真的十分抱歉，沒辦法給您帶來好消息。您的情況實在很嚴重，以至於簡單插入一根支架並不足夠。您有五條動脈阻塞住了。這種情況必須進行開心手術才行。」

他對自己的判斷頗有把握。這則消息卻讓我的心情七上八下。確實，我了解，當今世界上到處都在進行這種手術。知名的南非外科醫師克里斯蒂安．巴納德（Christiaan Barnard）的臉龐，頓時浮現在我眼前。我曾經在海法大學（Université de Haïfa）的一場會議上見過他。我們當時在醫學倫理的議題上，進行了長時間的討論，並比較了猶太教與基督教的觀點。

我還注視過他的雙手，自忖有多少人能夠存活下來，正是受惠於這雙手啊。

然而，「開心手術」這幾個字現在卻降臨到我的頭上。這讓我惶恐莫名。

「我傑出的同事尼羅夫・沛特爾（Nirav Patel）醫生可能已經在現場待命了。他是這類手術數一數二的專家。我之前跟他談過。他已經準備好要幫您開刀。」柯恩醫生補充說道。

「醫生，」我問他：「您跟瑪莉詠提過這些情況嗎？」

「還沒有。不過，我會馬上去跟她說。」

他很快又回到我這裡：「我見到瑪莉詠，同時還見到您的兒子以利沙。」

一想到我珍愛的兒子已經來到醫院，讓我很感動，但也不意外。這並非頭一遭：他從年幼開始，就一直會做出感動我的事情。

「他們有什麼想法？」

「他們都同意我的作法。我們並沒有其他選擇，我覺得根本無法想像不進行手術。不過，還是只能由您個人來作決定。」

「我可以見見他們嗎？」

瑪莉詠與以利沙難以掩藏內心的焦慮與難過。他們在我面前勉強掛著笑臉。這樣的反應說來正常。但我如何能夠擁抱他們而不致崩潰呢？

「柯恩醫生對這個手術很樂觀，」瑪莉詠強忍眼淚，努力要讓我放心：

「他所推薦的外科醫師聞名世界。這位醫生是他那個領域中最優秀的專家。」

「一切都會順順利利的，」以利沙加了一句：「我知道一定會這樣。我很有信心。」

我沉默無語。

「那麼，進去開刀囉？」柯恩醫生問道。

護士們準備好要推動我的病床朝出口前進。我望了妻子最後一眼。我們相伴生活的日子，已經超過四十二載。多不勝數的事件、發現與計畫，使我們緊緊相繫在一起。我們在人生中所成就的大大小小的事蹟，皆由彼此攜手完成。而如今，又要再添上一個新的經驗了。

這會是最後一個經驗嗎？

出口的門開啟，當病床要推出去之前，我最後一次將目光投向了兒子。這名年輕人如此俊秀良善，曾經給予我人生存在的理由，賦予它意義與未來，並將繼續帶給我動力。

淚水模糊了雙眼，未來混沌不明，心中閃過一個念頭猛然喚醒新的痛楚：我還能再見到他們嗎？

4

大體而言，二〇一一年對我來說，將永遠屬於被詛咒的一年。

一切都從一月中旬開始。我與瑪莉詠當時人在佛羅里達州。如同過往的冬天，我照例在當地一所享有盛名的小型大學中，和一位女同事一起教授哲學、歷史與文學的課程。

在抵達後十幾天左右，我生了病：醫生診斷我的兩片肺葉皆感染了肺炎，囑咐我必須立刻住院治療一週。然而，四天過後，封閉監禁的環境似乎加重了我的病情。我要求瑪莉詠用盡一切手段，甚至是異想天開的辦法，務必讓我出院。她費盡心力向醫生解釋，住院可能使我罹患憂鬱症，而解決之道是找到能在旅館中治療我的方法，這才成功說服他們。

他們起初回答她說，這個辦法不可行，並且指出，我們兩人不了解病況的嚴重性。「得到肺炎的病人──而且還感染到兩片肺葉──必須接受全天候的醫療照護！再加上，有許多藥物是經過靜脈管注射，沒辦法在醫院之外投藥處理。」

最後，瑪莉詠向他們提議，將我的旅館房間改裝成一間貨真價實的醫院病房，並且雇請護士二十四小時輪班照護。我很幸運，醫生們接受了這個方案。

不過，面對我的體弱力衰，卻也無計可施。在我的職業生涯中，第一次我必須中斷教學工作。與我那些資質卓越學生的會面，改由我的同事接手。如此的缺席使我難過並產生罪惡感：一如寫作，教學同樣是我的真正熱情所寄。與學生面對面，彼此間的交流既真情實意又振奮人心，而且讓我收穫豐盛：我不只是「施」的一方，也是「受」的對象。

我到後來才知道，在我住院的那幾日幾夜之間，可說是命在旦夕。我當時根本沒想到這回事。儘管我充滿液體的肺臟引起了呼吸困難，但我依舊能夠閱讀、思考、作夢。而幾個月後回到紐約，我也幾乎重拾正常的生活作息。假使有人對我預告，真正的考驗還等待著我，正隱藏在那裡，就在我的胸腔之內，我八成會把這個人當成是不懷好意的算命師。

5

在手術室中，一種漂浮於昏暗微光中的感覺籠罩著我。窸窸窣窣的聲響與動作，在我臉部上方的低語，各式各樣的措施、解釋與提醒，接連此起彼落。麻醉科醫生、外科醫生的助理們，每個人都為我說明、給我鼓勵。終於到了要執行血管擴張術的一刻。

柯恩醫師在我的動脈中推進一顆小氣球。

「情況很順利。」他說。為何我感到焦慮（如果坦白說的話）？這類手術，柯恩醫師應該每天都排上好幾檯刀。然而，我猝然恐懼起來。一個名字忽地跳出，我的眼前浮現一張臉：阿菲華（Aviva）。她是瑪莉詠的朋友，也是我的友人、駐任過羅馬與東京的以色列前大使艾米勒・納賈爾（Émile Najar）的妻子。她曾罹患心臟方面的疾病，應該也經歷過這類的手術治療。只不過她沒有再從手術檯上起身。就她的情況而言，那顆小氣球成為致命一擊。

為了趕走這波焦慮，我的思緒領著我回到遙遠的過去。我回想起一段童年往事。我的表親奧斯卡（Oscar）是位醫生，他要幫我切除扁桃腺，我痛到大喊大叫。我於是躲到天上去。在那兒，許多天使到處跑來跑去，但都沒有看我一眼。他們也許覺得，我不值得他們注意吧。我會記得這個夢，是因為在我醒來後，我把夢中種種講給了奧斯卡聽。

另一次的手術就比較嚴重些。我在十歲或十一歲的時候，跟著爸媽搭上火車。那天是安息日（Shabbat），原則上，這一天不能旅行。不過，住在我們家對門的鄰居博思拉比（Rabbi de Borshe）——他是知名的以色列·德·魏斯尼茲拉比（Rabbi Israël de Wizsnitz）的兄弟——允許我們違反「第七日」休息的聖令，以便我的父母可以帶我到薩特瑪爾（Satmàr）去。我必須動手術切除闌尾，而薩特瑪爾那裡有一間猶太醫院。隔天早上，我進了手術室。醫生用乙醚讓我入睡，但我感到喘不過氣，拒絕吸入麻醉藥。

在這麼多年、相隔好幾十年之後，我甚至還記得那名助理：一名美麗的棕髮女子，臉上始終帶著溫暖的笑容。她告訴我別擔心：「讓我來使你睡覺吧。」我於是順從聽話。在接下來一整個星期內，都是她在照料我。假使我當時懂得如何好好表達，不畏懼話語的力量，我會承認自己愛上了她。之後，在青少年時期的夜夢中，我經常遇見她，這讓我當時羞赧不已。

處在外科醫生沛特爾的兩手之間，我突然理解到，我必須面對擺在眼前的事實：在我入睡之後，將可能永遠一覺不醒。我害怕死亡嗎？過去每思及這樣的問題，我以為，死亡並不使我畏懼。我不是曾與死亡共存，甚至活在死亡之中嗎？那麼，為何我現在卻對死亡心生怖懼？

6

然而，如今的景況，並非是我想像的終點。再說，我絲毫沒有感到自己已經準備就緒。

還有如此多的事情尚待完成。還有如此多的計畫需要起草。還有如此多的挑戰要我迎面對抗。

還有如此多的禱詞必須撰寫。還有如此多的話語要去發現。也還有如此多的沉默，等著我使之淺唱低吟。

我還有許多課程要去教授，我也還有許多功課亟待學習。我從自己身上與周遭環境學到很多。尤其，當身體成為病痛的囚徒，一錠小藥丸或一劑注射針藥，比起最玄妙的哲學思想，要來得有效多了。

我也還有如此多的故事，要講給我的兩個孫兒聽。我對他們的愛，毫無限度。

以里亞（Élijah），當他對我展露笑靨，我知道人間有幸福，而人人擁有幸福的權利。

他的妹妹喜哈（Shira），活力充沛，個性開朗，常逗得我發笑。

看著他們一起玩耍，聽著以里亞對妹妹說故事，是我能收到最美的禮物。

我已經準備好要拋下他們的愛嗎？

7

這會兒是黎明或黃昏呢？以利沙站在我的房間裡。他從什麼時候就在這裡了？

我看了一眼懸掛在牆上的時鐘。我們四周的物件水溶溶融化開來。「以利沙，」我氣若游絲吭了一聲。

我不知道他是否聽見。不過，出聲呼喚他的名字讓我感到安心。一如既往，為了走出苦惱焦慮，我會緊緊依賴他，而他會協助我再度恢復鎮定。

現在也一樣嗎？

是的，一如既往。

我聽見走廊上傳來些許聲響。但唯有他的聲音擁有意義與價值。

8

許許多多的場景紛至沓來。我看見他的孩提之時，他的青少年，然後他長大成人。

以利沙的出生，改變了我的一生。一瞬之間，我感到自己比以前更有牽掛、更有責任。這個朝著我看卻沒有察覺我的小嬰孩，我必須保護他。而保護他的最佳方法是，改變這個他將在其中成長的世界。

為了舉行割禮儀典，我們當時邀請了友人參加，也包括幾位住在布魯克林區的哈西迪猶太教派（Hassidim）的信徒在內。偉大的小提琴家艾薩克・史坦（Isaac Stern）、哲學家亞伯拉罕・約書亞・赫舍爾拉比（Abraham Joshua Heschel），以及多位作家、大屠殺倖存者，通通都來了。這再自然不過。依據傳說，這是唯一一個我們無權回絕的儀典，因為典禮舉行的時候，永遠都有族長亞伯拉罕與先知以利亞「親臨在場」。

如今想來，一切彷如昨日。

當新生兒的名字首次被稱呼——「史洛莫・以利沙（Shlomo Élisha），史洛莫（Shlomo）的兒子埃利澤（Éliézer，簡稱 Élie，即作者）的兒子」——我並非現場唯一熱淚盈眶的人。

「一個名字又回來了。」一位哈西迪猶太教老者宏亮喊道。其他的哈西迪教徒，連同這名老者，突然開始圍繞著這個猶太新成員跳起舞來，以歡慶他的到來。我也加入他們，雖然我根本不懂舞步。

割禮舉行過後，我寫了一封信給我的友人喬治・勒維特（Georges Levitte）。他是法國享負盛名的猶太知識分子之一，也是最博學的學者。他的兒子後來先後成為雅克・席哈克（Jacques Chirac）與尼古拉・薩科吉（Nicolas Sarkozy）兩位總統的外交顧問。我與喬治過去關係很親近，我當時常常去拜訪他。

某一天，他在收音機上聽到我回答節目主持人的一段話：我並不考慮結婚，而且我完全不想要生養子女。理由為何？我引用了猶太法典上的一位智者所言：當上帝以苦難懲罰這個有罪的世界，最好還是不要結婚。喬治不同意我的說法，對我有所抱怨。依他之見，我無權氣餒，更不能促使年輕人陷入絕望。我們兩人的討論持續了好幾個鐘頭，而在彼此道別之前，誰也無法說服對方。

因此，我的信文言簡意賅：「還是你有道理。我的兒子用了我父親史洛莫的名字。我們又有了一個名字，因為，我們已經失去太多名字。他也叫作以利沙。」

說我將一股洋溢著熱情與期盼的愛，獻給我的兒子——如此的說法還不及真相之一二。我那時候可以一連好幾個小時，靜靜端詳著他。超過一天見不到他，會讓我撕心裂肺。當我不得不離開幾天，我永遠都會盡力趕在安息日前回來：把他抱在臂彎中，一起進行吉都什（kidoush）祈福儀式，以回應我心底的某種強烈需求。

打從一開始，我們每次相見，都是一場盛宴。早上，當他要去幼兒園，瑪莉詠與我會陪伴他走到搭乘黃色校車的地方。看著校車漸行漸遠，我的心總是愈跳愈快。然後我望見他，揮著小手，向我們示意說再見。在內心深處，我對上帝默念禱詞：「天主，請保護他。以我先祖之名，請照看他！」

以利沙在中學畢業之後，選擇去以色列生活一學期，住在一座專為非以色列籍的年輕人所設置的訓練營中。陪著他前往機場，我驚訝地發現自己在默念母親曾誦讀的禱詞。每當安息日結束時，母親都會祈求神聖的恩典降臨在家庭與家人身上。

9

「以利沙，」我聲微氣弱。

兒子聽見了：「要我幫你做什麼嗎？」

以利沙就讀耶魯大學第一年期間，他研讀哲學、歷史與文學。我私下期望他走上我的路，但他後來在華爾街找到工作。有關經濟、股票、市場，這些領域我一無所知。

如今，他已經身為人父。依我之見，他是世界級的最佳爸爸。

我以手勢示意他靠近。他現在緊靠我的床榻，把我的手握在他的手裡，溫柔地撫摸著。我試著回握他的手，但力不從心。我知道他希望能把自己的力量、信念傳遞給我，幫助我痊癒。

10

由於接連不斷通過一幕幕往事凝視著兒子，我忽地想像他、看見他是一名孤兒。我回想起，我已經跟自己說好，要在死後看顧著他。而現在，我正一腳踏在冥間的門檻上。

猶太法典上的一位智者說：「你活著，必須如同明日可能死去一般。」我遵照著如此的建議過日子嗎？

天使對亡者所提出的第一個問題是：「你誠實待人嗎？」第二個問題：

「你是否真的活在等待彌賽亞之中？」

天使什麼時候會來質問我呢？

來自久遠年代的、經書注疏的、神祕主義文獻裡的種種意象，充斥在我的腦海與記憶之中。青少年時，於經學院的學習中，那種種描寫死後的意象常使我不寒而慄。這些文獻中的陳述，罕見發生在天堂，大多出現在地獄。那些罪人所遭受的火刑懲罰，使他們發出震耳欲聾的哀號聲，而他們所承受難以想像的痛苦，只有等到安息日到來時才會停止。

我真的已經跨入另一邊了嗎？不然，誰讓我得以隱約瞥見這樣的景象？

我躺在醫院的病床上，但這是地獄。皮膚撕裂發痛，全身彷如烈火燒炙。我看見自己置身在由殘忍無情的天使所統治的地獄之中。曾經著迷於中世紀的文獻與書中那些超過一名受驚孩童所能想像的懲處手段，我以為自己已經了解恐怖深淵中的慘況——但怎麼可能了解！

淚水與嚎叫，迴盪在地底的煉獄中。

那是一個由施予罪人刑罰的熊熊火焰所構成的世界。男人由舌頭吊著，女人則由胸部吊起。我努力辨識這些人，但只是白忙一場。所有的臉孔皆已毀容。而我也一樣嗎？

然後我把目光投向其他人——那些義人（Juste）身上：他們懇求最高審

判者，能夠為遭放逐的子民，展露祂的慈悲之心。我看見所有的祖先、先知、通靈人（與其友人）、經學大師，與禮讚上帝的人。我只要再往前邁出一步，就會成為他們的弟子，我就會是他們的一分子。

我準備好了嗎？

11

我們永遠不會準備好嗎？

某些古希臘哲學家與哈西迪猶太教經學大師表明，他們以一生的光陰來準備就死。不過，我所處身其中的猶太傳統，卻建議另一條道路：尊崇神聖的生命，而非死亡。《聖經》上說：「Ubakharta bakhaim」，亦即：「你將選擇生命」，以及世間眾生。並且期待自己活得更好、更有道德意識、更具人道精神。

這即是人們必須戮力以赴之處。為了挽救另一個人的生命，無論這個人的身分、國籍為何，猶太人都有權違犯典籍《妥拉》（*Torah*）中最嚴格的律法。我從年幼時，就在猶太兒童宗教學校（heder）與經學院中學到這個道理，而之後則在神聖的宗教論著中更加清楚其中因由。死亡——所有的死亡——會使接觸者不潔。甚至是死去的摩西也是一樣。這即是上帝為何會親自為摩西下葬的原因。

確實，我們都應接受凡人皆有一死的概念與事實。然而，猶太律法卻教導，死亡並非為了引導我們而強加到我們身上，唯有生命才能為我們指引道路。而且，選擇權也從未屬於我們。一切都在猶太新年（Rosh Hashana）那天由天主決定。在那一天——我們的祈禱會向我們顯示——

上帝在祂的聖書中寫下，在新的一年中我們會發生的事：誰將充滿喜樂、誰將滿腹悲傷、誰將生病、誰將痊癒、誰將活著，與誰將死去。

顯而易見，我可能沒有好好祈禱，也可能缺乏專注與熱情。不然本質上公正、仁慈的上帝為何會如此懲罰我？

才這麼說出口，我馬上拒絕接受我的結論，因為，假使這個結論在今天說來有其道理，那麼，它應該在冥間時說出才更有道理。

12

病人如同囚徒，禁錮於遭判刑的軀體之中，被迫直視自身的命運。而病人面對前述種種思索，會在心中激起非常強烈的感受。揣想著此刻問題的嚴重性，我體會到有需要進行一次意識的檢驗。

我八十二歲。雖然也經常回顧過去，但我如今的落難狀態，卻史無前例地讓我審視起往事：在交織著夢想與挑戰的悠長歷程中，我做過了什麼事？而我沒做到的事，又是什麼？

說來奇怪，夏爾勒・波特萊爾（Charles Baudelaire）在他的著作《我被揭露的心》（*Mon cœur mis à nu*）中的吶喊（甚有同感的書名！）重新出現在我的記憶中：「在所有人的心中，無時無刻不擁有著兩種同時具存的祈求：一個祈求朝向上帝，另一個則朝向撒旦。」我以同樣的信念追隨二者嗎？或是同樣存疑？我已瞥見了善的道路，而且懂得區辨善惡嗎？

人生一幕幕展現在我的眼前，宛如一部影片。那些童年時的風景，那些在天遙地遠、有時富有異國情調區域的探險，頓時躍入眼簾。我還記得最初教導我的小學老師們，然後是青少年時，在經學院中跟我的朋友，初次體驗宗教狂喜的時刻。在當時年邁經師的諄諄教誨之下，我們走向奧義真理的隱密大門，而手中已經握著能夠開啟的鑰匙。

我盡到作為大屠殺倖存者的責任了嗎？我已經將所有的經驗都傳遞出去了嗎？或許說得太多了？

少年的呼喊與老人的眼淚，神祕的流浪漢與醺醺然的思想家，沉默的孩童與渴愛的婦女，富翁與貧民——我都懂得運用準確的詞彙來講述他們的故事嗎？某些神祕主義者難道沒有因為走入掩藏禁忌知識的祕密花園，而受到懲罰嗎？

一開始，我試著描述那些暗黑昏昧的時期：比克瑙（Birkenau）、奧許維茲（Auschwitz）、布痕瓦爾德（Buchenwald）。於是有了一本小書：《夜》（*La Nuit*）。該書起初是以意第緒文（yiddish）寫成，書名稱作《世界噤聲不語》（*Et le monde se taisait*）。在此書中，即便是隻字片語，也反映出一種超越我們理解範疇的經驗。即使每個倖存者都把一生中的一年奉獻在見證歷史上，如此所獲得的成果卻永遠都嫌不夠。我偶爾重讀這本書，在闔上最後一頁時，總是感到唇齒間苦澀的餘味。這不對。這些故事應當被述說的方式，並非如此。而且，在用字遣詞方面，我有時感到自己貧乏、有所欠缺（會不會低於水平？）。在我針對大屠殺事件的寫作中，我因為違反禁忌而犯了罪嗎？尤其我明知，沒有在那裡體驗過死亡衝擊的人，永遠都不會明瞭，我們這些倖存者在一片喑啞的天空下，日日夜夜所遭受的惡待。

我寫了許多書，總計有五十多本著作，然而所涉及的主題，卻與我至今仍然認為首要之事相距甚遠，亦即犧牲者的記憶。我以為自己已經用盡一切方法，好讓如此的記憶不會一直受到壓抑。不過，已經足夠了嗎？而我之所以經常出版其他題材的作品，比如報導文學、小說等，那是為了不要始終封閉在這個主題之中。我針對奧許維茲在電影與電視中的粗俗化、庸俗化現象所投入的戰鬥，讓我樹敵不少，然而在我眼中，這所涉及的是一項義務：必須去描繪含括所有苦痛與所有亡者的一切，如同把它作為文獻組成中不可或缺的一部分。如此一來，文獻所煥發的力量，將滋育我們生命的勇氣。而依照戲劇表演標準下所呈現的庸俗性，則無法達到這一點。

在腦海中，典籍一頁又一頁聯翩翻動。《聖經》與先知們，《塔木德》與哈西迪猶太教派，巴爾．謝姆．托夫（Baal Shem Tov）與他的門徒，神祕主義與倫理學——所有我從已故的親近經師們所接收的教導，我努力把它傳遞出去。並非有意識這麼做，甚至連想都沒想過，我自身在有關我們中間的某些人稱之為大浩劫（Shoa）或大屠殺的經歷，卻這裡一點、那裡一點，悄悄滲入字裡行間，出沒在籠罩文章的緘默裡。同樣地，我的小說，我也不可避免地將它置於無形烈焰燃燒的陰影下。然而，這麼做已經夠謹慎了嗎？

我最初撰寫的小說作品，故事發生的年代並不在猶太人大屠殺期間，而是在風暴之後。為什麼呢？

《破曉》（*L'Aube*）一書的主題，是關於在巴勒斯坦一地，猶太人展開對抗英軍的地下祕密戰鬥。在該書中，一名死亡集中營的倖存者接到命令，要去處決一位敵軍的軍官。

而《白晝》（*Le Jour*）講述的是，一名年輕記者讓自己在紐約街頭被計程車撞死的故事。這是一場意外事件，抑或當事人意圖自殺的舉動？

《幸運之城》（*La Ville de la chance*）呢？該書著墨在瘋狂對人的誘惑。

《森林的入口》（*Les Portes de la forêt*）這本書，則是一首友誼的頌歌。內容講述一名聲稱既聾又啞的年幼孤兒，由於學校要表演耶穌被釘在十字架上的故事，而被指派去扮演猶大的角色。

以上這些著作通通是小說。當我迷失在某個飄忽的遠方，我經常思索著這些書，以便能重新辨明方向。

談及蘇聯時期的《靜默的猶太人》（*Les Juifs du silence*），則關注其他主題。這本著作讓我頗為自豪：它成功協助勇敢的男女擺脫獨裁體制，使他們能回到我們先祖的土地上，與兄弟姊妹團聚。

我的小說《被遺忘者》（*L'Oublié*）也是同樣的取徑，它講述阿茲海默症與對於遺忘的恐懼。我把這樣的病人比擬成一本書，每天會從書裡撕走一頁，直到最後，僅剩下書冊封皮。我也提問，這個疾病是否會侵襲一整個社群的人？或是衝擊一整個時代？在猶太的宗教文獻中，我們之所以用無比的熱情去強調天主什麼都不會忘卻的事實，難道不是因為，在我們的潛意識中，並未排除上帝遺忘的可能性？我們對於聖城的忠誠度亦如出一轍：大衛王在他的〈詩篇〉（Psaumes）中歌吟著：「耶路撒冷啊，我若忘記你……」我，作為他日後相隔久遠的門徒，我則會以我的方式吟唱。

那一位來自《耶路撒冷的乞丐》（*Le Mendiant de Jérusalem*），我會帶著他面對天國的審判，請他當我自我辯護時的證人。我是在六日戰爭（guerre des Six Jours）期間，於哭牆前遇見他的。我站在那兒，兩手前伸，靈魂熊熊燃燒；我念念有詞，以雙脣代筆，憑空描繪。我發覺這名乞丐瀟灑俊美，他堅持要向我解釋，猶太軍隊打敗敵人的偉大勝利中所顯現的神蹟。

他說，因為在這場戰爭中，還要再加上那六百萬人的靈魂……。當晚，獨自一人在旅館房間中，我洋溢著一股再度激活起來的熱力，重新謄寫稍早所傾聽與感受的一切。

藉由《遭殺害的猶太詩人的遺言》（*Le Testament d'un poète juif assassiné*）這本書，我嘗試揭露共產主義的惡行，特別是在那個年代中，許多偉大的猶太小說家與詩人遭到清算鬥爭。共產主義從一種沒有上帝的救世主信仰（messianisme）出發，被塑造成如同一則人類佳音，擁有四海之內皆兄弟的人道主義高貴胸懷，卻被史達林轉變成一座巨大的迷宮與實驗室，其中充斥著謊言、幻滅、酷刑與謀殺。

《我相信》（*Ani Maamin*）這個歌謠錄音專輯的內容為何？邁蒙尼德（Maïmonide）宣告，我相信救世主的到來，而我們跟隨著他複誦。救世主雖然遲到——而且將無限期延宕下去——我依然日日翹首等待著祂。這首歌文洋溢深沉、優雅之美。它談及一種祕密的希望：假若沒有這種盼望，生命將化為一握塵土。這是在魏斯尼茲拉比的院子中學到的歌謠，我的母親與我當天到那裡參加「安息日禮拜」。在上午所舉行的聖禮期間，我們讀到了那個橫越紅海的神蹟故事。

在那一天，我們遇見拉比的姪子。無人知曉他是如何逃離波蘭的一處猶太人區。在那個年代，匈牙利的猶太人對於即將襲擊他們社群的悲劇，毫無一絲意識。奧許維茲與特雷布林卡（Treblinka）這些地名，對我們來說陌生之至。

這位拉比的姪子，為何他會來到我的醫院病房中？為何我現在看見他，一如遙遠的那一天？當身在他的伯父家時，個頭矮小瘦削、臉色憂鬱消沉的他，封閉在自己的孤寂當中，只是不停地蠕動雙脣，悄聲禱告。為何我再次想著那一天下午：在午禱（Minha）聖禮與神祕的「第三餐」（Troisième Repas）之間，學生們圍著他，央求他講述所遭遇的事情。他拒絕回答。我們則堅持不懈追問。蜷縮在角落裡，如同隱隱約約的一抹暗影，他依舊閉口不語。然後，他終於打起了精神，對我們讓步，「好吧，」

他聲音幽微：「我跟你們說吧。」他於是開始唱起〈我相信〉。我從未聽過這麼優美、這麼動人的猶太宗教歌謠（nigoun）。他什麼也沒有再多說。對他而言，歌文已道盡一切。

我在天上也能詠唱這首歌嗎？也能輪到我唱起這首猶太歌謠嗎？它的歌文含括了，我期待在寫作中表達的所有宏旨大義。

13

瑪莉詠，獨一無二的女人，她來了。

雖然我沒有睜開眼睛，但我感覺得到她的存在。

彷彿看見了她一樣。

這位天賦異稟、積極主動、非比尋常的女人，優點多不勝數。她的個性鮮明剛強，擁有聰穎的感受力。

她跟我們的兒子一起站在我的病床左近，為了陪伴我一直到手術室門前。如此難過不安又無能為力。因為無能為力，所以難過不安！

這是我生平首次感覺到她不知所措。不過，她通常都懂得，如何讓自己擺脫各式各樣的處境。這一次，她盡其所能，想找出能夠減緩我的焦慮的話語，卻捉襟見肘。也許因為，並不存在有任何字眼，得以翻譯與緩解這樣的分離。

手術室的大門隨時就會關上。瑪莉詠依舊站在那兒。我重溫起過往的生活，尤其是那些彰顯我們人生特殊時刻的情景。

我再次看見我們第一次相遇的情景，那是在她的法國友人朗朵（Landau）夫婦家中。我們一見鍾情嗎？有可能。我這一方是百分之百確定。我覺得她風姿綽約、教養出眾，而且冰雪聰明。聽她談論戲劇、音樂、繪畫，使我深信我可以這麼傾聽她一年又一年，甚至我願意一生都聽她說話，絕對不會打斷她。我後來邀請她至一間面對聯合國日內瓦辦事處的義大利餐廳，共進午餐。她與我兩個人，誰都沒碰放在我們面前的佳餚。

她的過往歷史？維也納、安特衛普、馬賽、醜惡的居爾（Gurs）集中營，接著是巴塞爾，而最後則到了紐約。到處都發生或是倖免於難、或是適應求存、或是動人的際遇等種種奇蹟。這就是多少年來，我建議她寫一本回憶錄的原因。事實上，我是懇求她，但始終徒勞無功。

我們在剛剛重獲自由的耶路撒冷舊城結婚。婚禮在一間非常古老的猶太會堂——拉姆班會堂（Ramban）的內部舉行。這間會堂的建築當時有很大一部分被約旦的軍隊摧毀。

自此以後，我的人生，無論是職業生涯或是其他面向的生活，我都無法想像沒有她會怎麼往下走。我的作品的英譯水準優秀，全要歸功於瑪莉詠。她熟知我的行文筆調，懂得如何精確忠實地呈現。

我們成立的人道基金會（Fondation pour l'Humanité），由她全權負責。我的妻子自基金會草創開始，即在營運上奉獻了她的精力、才能與想像力。

大約二十年前，瑪莉詠有一天從特拉維夫打電話給我。她告訴我，她剛剛拜訪了一間專為來自衣索比亞的猶太新移民所設置的「收容中心」，她說她想要協助這些移民的子女。自那時起，我們即為這些孩子們開設了兩間大型的教育中心，而以我去世的妹妹的名字希波拉（Tzipora）來為機構命名的構想，正是出自於她。教育中心照顧了大約一千名的男孩與女孩，其中許多孩子得益於所接受的協助，成功通過了大學入學考試。想在以色列有所發展，取得大學文憑可說至為關鍵。

因此，我這一生做過的所有大小事情，皆與她合力而為。無論是旅遊、工作計畫，或對行動的夢想，我倆都從未分開。然而，這一次，卻無法如此。

瑪莉詠強顏擠出一朵微笑，卻功虧一簣。手術室的大門關上，獨留我一人在門的這一邊。

這一刻，我知道，瑪莉詠必定知曉我的疑惑與恐懼。

她的聰慧，總是不斷讓我又驚又喜。

14

我勤奮寫作，但是——是的，但是，就此刻我的生存境況來說，在手術室大門的門檻上，我卻感覺自己甚至尚未動筆著書。

一切都太遲了嗎？

我也以相同的角度來審視我所致力的其他事項。在我反抗仇恨罪行的戰鬥中，我希望自己能夠堅持不懈，而我已經投入了足夠的時間與精力，去抨擊偽裝在各種面具下的狂熱行徑了嗎？可能沒有。因為，所有加入這場戰鬥的人，想必都會承認失敗。

我還記得，納粹集中營一經解放，我們立刻深信，在奧許維茲之後，將不會再有戰爭，不會再有種族主義，不會再有仇恨，不會再見到反猶太主義。我們都錯了。一種接近絕望的感受油然而生。因為，假使奧許維茲的經驗無法使人從種族主義的惡病中復原，那麼，能夠治癒如此重症的方法到底是什麼？我們必須承認：世人並未學到任何教訓。不然，我們要如何去理解，發生在盧安達、柬埔寨、波士尼亞等地的兇殘暴行呢？

我在許多地方，與人數眾多的同伴，著手進行過很多行動。我們參與了如此之多的戰鬥。這種種努力，難道只是一場空？

我將對高踞蒼天的上帝說什麼呢？說我曾指望祂的幫助嗎？我會有膽量斥責祂嗎？在撒旦連戰皆捷之際，責備祂那難以理解的沉默？尤其，在我的父親史洛莫，（祖父）艾里耶澤（Eliézer）與（祖母）妮賽爾（Nissel）的兒子，在床榻上嚥下最後一口氣之際，譴責祂的不聞不問？

我忽然看見父親，他也來了，出現在我的病房中。

父親重疊成三幅景象：他人在布痕瓦爾德的身影，他現在的容貌，以及他在我兩歲時的模樣。在我們四周還有其他人，大部分都不認識，除了美國總統歐巴馬例外。歐巴馬總統曾經邀請我陪同前往布痕瓦爾德，原因大概是我可以為他進行「解說」。彷彿這是可能辦到的事。不知他是否聽說過，那裡有兩座集中營，一大一小？總之，我們後來參訪了第二座，也是最慘絕人寰的。在離開紐約前往德國與他會面前，我並不知道自己屆時必須發言。瑪莉詠已經對我預告此事，但我自信地以為，這一回她弄錯了，因為我的名字並未列在典禮流程中。不過，弄錯的人是我。總統在要開始講話之際，傾身向我低語：「在這個地方，應該由您來做結論。」我當時頗困窘——我什麼也沒準備——我凝想著我的父親，然後當場即席演說：「身為兒子有責任為自己的父親掃墓，並在墳前靜思默禱。然而，我的父親並沒有墳墓。他的墳塚位於一座墓園之中，是人類歷史上最廣闊的墓園，就是天上的那一座。他在距離這裡不遠的地方過世，就在小集中營。當時我人也在那裡，就在他的附近，卻與他如此遙遠。他呼喚我的名字，而我既沒有力氣、也沒有勇氣過去。那是我生平第一次違逆我的父親。我承認：我當時已被恐懼麻痺了心靈。」

現在，躺在醫院的病床上，輪到我呼喚他。

而我的父親，他回應了我的呼喚。

15

事實上，他從未離開我。我的母親也是。而我的妹妹更是不曾須臾遠離。

他們一直停留在我的身邊。他們出現在我寫下的所有故事之中。在我所有的夢境裡，都可以瞥見他們的身影。而且他們也存在於，我所教授的所有道理學問之間。

躺在病床上等待手術，我也思索著我作為教師的一生。四十多年來，我生活在年輕人之間。比起我給予的教導，我確實從他們那裡接收到更多。假若我還能為他們上最後一堂課，我可以跟他們好好說些什麼呢？

《塔木德》的律法詮釋《米大示》（*Midrash*）斷言，在天上有一座學院，在這間學院中，上帝自己同樣也跟著我們的經師們一起學習。某些文獻也宣稱，救世主跟著經師們與其子弟，一起圍桌而坐。他們會允許我加入他們的行列嗎？我把希望放在我的外祖父瑞伯・多迪・菲格（Reb Dodye Feig）身上。他應該會幫助我。

因為，差不多已經來到與他們會合的時刻了。我如此深信著。我可以感覺得到。

還太早了嗎？在此，我同樣求助於對父母與祖父母的回憶。儘管在他們當中，從未有誰活到像我這樣的年紀，我卻期盼還能多活上幾年，至少再給我幾個月的時間，不然再幾分鐘也好。

這是因為，還有如此多的計畫尚未完成，都處在擱置狀態！比如，一項有關苦行主義的研究，我在許久以前即著手進行。這個主題以及有關自我同意、主動祈求苦痛的觀點，自二戰後即吸引我的關注。一本已經出版、標題為《我的經師與摯友》（*Mes Maîtres et mes Amis*）的書籍，其中所包含的概念，我也希望自己可以繼續發展。在該書中，昔日、昨日與今日的人物彼此相伴同遊。摩西，始終是我們的經師，而阿齊巴拉比（Rabbi Akiba）則是我們永遠的友人。其他的經學大師，包括邁蒙尼德、巴亞·

依賓・沛古達拉比（Rabbi Bahya ibn Pekudah）、巴爾・謝姆・托夫、加翁・德・維爾納（Gaon de Vilna）、舒夏尼拉比（Rav Chouchani），與索爾・利貝爾曼拉比（Rav Saül Liebermann）。在我的腦海中，依舊充滿著各式各樣的疑問：要如何成為一名經師？而為了同時刺激與緩和年輕學子在智識與性靈上的渴望，可以怎麼做？在哈西迪猶太教中，向來是由弟子去選擇他的經師。

至於友誼方面，該以怎樣的角度去界定它？我在波士頓大學有一堂課，專門研討這個課題。這堂課最主要的目的是頌讚友愛，因為這種情感含有不朽的成分。友誼關係的破裂，難道不會因此產生一股深沉的哀傷？甚至比愛情的終結更為沉重？

這些計畫、這些工作，將有實現的一天？長久以來，我半信半疑。因為，唉，我的身體經常拒絕合作。這副軀殼對我來說，一直是個謎。它在過去已經對我使過很多花招。

我幼年時有嚴重的偏頭痛，痛得讓人難以忍受。我的父母親，也是偏頭痛患者，他們帶著我從錫蓋特（Sighet）一直到布達佩斯，遍訪一個又一個醫生，但始終束手無策。不管是專科醫師或藥物都無法緩解我的疼痛。可以聽見「遺傳」這樣的字眼，出現在醫生的說明中。而且，說來奇怪，這種頭痛在我抵達比克瑙當晚就停止了。戰後，法國的兒童救助組織（Œuvre de secours aux enfants）在埃庫伊（Écouis）開設了第一間兒童之家，他們收容了我，在我抵達的那天早上，頭痛又以同樣的強度再度出現。

無論是醫學教授或神經學教授，在巴黎與紐約都一樣，從未有人能夠向我解釋這個奇特現象。

我的身體不想被理解。靈魂也一樣，靈魂想要神祕難解。

一直到最後一刻？

16

至於住院的經驗，我知之甚詳。

一九五六年七月，我擔任以色列的日報《新消息報》（*Yediot Aharonot*）駐聯合國的特派員，從巴黎出發，來到紐約。才落腳不久，那時每個晚上都會前往《紐約時報》的報社，設法取得它的首刷——必須說實話，這對所有外國記者的工作幫助極大。

有一晚，我把報紙夾在手臂下，穿越時報廣場，朝電報局走去，我會在那裡寄出我的每日報導。不過，這一份新聞報導卻永遠無法拍發至目的地，因為一輛計程車當街朝我撞過來。我在髖骨、脊椎骨與踝骨等部位發生多處骨折。手術持續了好幾個鐘頭。當我醒來時，發現自己除了頭部與兩條手臂外，全身幾乎都裹上石膏。在長達三個月期間，醫院的病房成為我的辦公總部。為了移動身體，或是想要完成任何事情，我都需要協助。如果不求助，根本不可能改變身體姿勢。

幸運的是，由於在駐聯合國的同業中，我已結交了好幾位朋友，所以從早到晚，我鮮少一個人獨處。我特別記得丹尼耶勒・摩根（Daniel

Morgaine，《法蘭西晚報》〔*France-Soir*〕）與阿列克容德爾・索貝爾（Alexandre Zauber，《特訊週刊》〔*Iton Meyuchad*〕）兩名友人。後者擁有一種卓越的幽默感，喜歡逗我發笑。雖然大笑使我心情舒暢，卻同時也讓我通體難受。

阿列克容德爾在初次探病時，說他想要一五一十了解我的車禍經過。我提到了身體各處的骨折，而他在我每講到一個傷處時，就點了點頭說道：「情況還可能更慘的。」我有嚴重的頭痛——「情況還可能更慘的。」我的腳踝也受了傷——「情況還可能更慘的。」我的膝蓋疼得像火在燒——「情況還可能更慘的。」我驚訝不解，也有點不快，在某一刻忍不住回嗆：「夠了，阿列克容德爾，到底是什麼情況還可能更慘？」

他一臉嚴肅，低聲嘀咕：「因為也可能是我碰到車禍啊。」

另一次，我請他回憶一段禱詞——他也曾經是經學院的學生——那是我小時候天天早上都會誦讀的祈禱文：「哦上帝，我們稱頌祢，是祢的大智大慧創造了人。在人的軀體上有許多的血脈、腔窩與開口，只要其中一個受到阻塞或爆裂，人即無法活過一個鐘頭。」

我補上一句：「我直到現在才了解這段話的意思。」

阿列克容德爾回嘴道：

「如果你不多加注意，你還會發現更多這種祈禱詞。而天主也會幫你一把，讓你對身體的其他方面了解更多。」

幾十年過後，我再度經由身體學習到這輩子未曾知曉的祕密。我真的需要了解這些隱密的道理嗎？

17

「再幾分鐘，我們就準備好了。」聽見一個聲音這麼宣布。

我緊閉雙眼，聆聽心臟的跳動。還可以持續多久時間呢？心跳的節奏變得比較緩慢了嗎？該如何解釋這樣的怦怦作響？

我的思緒陷入恐慌，令我不知所措：我現在人在哪兒？腦袋發燙，想法與影像彼此接踵而至，又相互衝撞，開始跳起粗野狂亂的舞步。在我眼前，浮現一座墳場；在我身後，乍見童年的花園。未來緊縮，往日消褪。

這一切都在一片漆黑的空無中展開。啊，我暗自思量，有人反覆對我說，空即是空，其中空無一物：無焰火、無灰燼，無風亦無河，無氣息亦無苦痛——總之，盡是一些如此的傻話。

我沒有主動想要如此，甚至並無期待這樣的事，我不清楚事情如何發生，但我了解原因：我吸引來亡者，他們現身在我四周。他們是來接引我嗎？還是只來陪我一程？或者，有何不可，他們是來保護我？

然而，許久以前，我並沒有保護他們，是的，我沒有。我再次看見我們共同生活的最後時光，在一列火車之中。然後是一段卑劣的斜坡道，為了新載送來的匈牙利人所建造。我再次看見我的妹妹，如此可愛美麗，如此天真無邪。我遠遠地望見她，她牽著媽媽的手。我並沒有跟她們在一起，直到最終。

我的父親，我又瞥見他在集中營的身影。當時我們兩人誰也離不開誰。我們從未如許親近，如許緊緊相依。人可能死上超過一次嗎？在那種地方，可以。在所謂的「死亡行軍」期間，從撤離布納（Buna）集中營那一夜開始。然後是大雪紛飛之下的長夜徒步行走。在那時，我們仍是彼此相伴不離。我保護他，他保護我。我們唯一的爭執為何？他藉口說他不餓，堅持要我接受他那一份少得可憐的配給麵包。而我，我也運用相同的計策企圖說服他。兩人各自都想要送給對方一點點可以活下去的時間。

而現在，我將與他們相聚，我終於將要死去。這難道不荒謬可笑嗎？在那種地方，在那樣的時刻中，死亡每分每秒都在窺伺我們，但如今，經過了那麼漫長的時間以後，死亡終將吹響勝利的號角。

我可以感覺得到。

18

一股聲音刺穿我模糊的意識：「我們準備就緒了。」

我也是。

「您可以從一數到十嗎？」

我驚慌起來：他們要讓我入睡，而且我將再也不會醒來。

「我還沒準備好。請再給我一分鐘。麻煩您。一分鐘就好。」

一股不真實的沉默瞬間籠罩。

「為什麼呢？」

他們應該頗感訝異。我沒有回答。要跟他們這麼解釋嗎？身為一名猶太教信徒，在行將嚥氣之前，假使缺乏足夠的時間來妥當準備，那麼他至少應該誦念那則自出生即熟記在心的簡短禱詞，這是一種表達信仰的行動。要這麼解說，太複雜了。難道要跟他們描述，無以計數的犧牲者、殉道者與垂死者，在永遠閉上雙眼之前，都會反覆誦讀這則禱詞？我沒辦法做到。

我對自己誦念起來：

「以色列啊，你要聽！耶和華——我們神是獨一的主。」

「現在，您說什麼，我就做什麼。」我微弱地說。

「請從一數到十。」

我想我還未數到十就停了。

19

開刀的傷口，痛得我醒了過來。還有外科醫師的聲音，穿越一片濃霧來到耳畔：

「手術結束了。一切順利。您會長命百歲喔。」

他的臉龐！我將永遠不會忘記他臉上綻放的微笑。沛特爾醫師很開心。是的，他很開心讓一個素昧平生的人重拾生之喜悅。他對我說：「您就像歷劫歸來。」

一個問題不免浮現：在手術進行期間，我真的有在作夢嗎？當我的心臟不再跳動，我的大腦還持續運作嗎？

我之後才了解所謂「繞道手術」的實際程序。它的戲劇性在各種層面上都令人印象深刻。

我並不知道，也無法得知，冠狀動脈繞道手術可以複雜到何等程度。難以想像它所冒上的風險與潛藏的危機。對於門外漢如我者，這樣的手術等同於登月漫步。介紹中提及了內胸動脈與鎖骨下動脈，然後我毛骨悚然地發現：當外科醫師執行手術時，心臟必須暫時停止跳動，會有一部機器來取代它的功能。外科醫師首先會打開胸廓（劃開整段胸骨），接著切下第二道口子，打開小腿內側，從中摘取一段靜脈，用以替換阻塞的動脈。

總之，我果真是歷劫歸來，甚至是歷經一場大劫難。而我極有可能遇難不歸。

感激之心，脹滿胸臆。

雖然還處在麻醉作用下，我試著輕輕出聲：「謝謝，謝謝醫生。」

在那一刻，我是否想到也要感謝上帝？畢竟，我把這一切歸功於祂。

但我不確定有沒有這麼做。然而，正是在那一刻，單單外科醫師——也許是祂的使者——激起了我的感恩之情。

我衰弱地提問，如此聲微氣弱，我擔憂沒人聽見：「他們知道了嗎？」

用不著明確表達：瑪莉詠與以利沙，他們知道手術的結果嗎？

是的，他們已經知道。在我全然醒轉之前，外科醫師已經親自把好消息告訴他們。

在一個小時之後，三人再度重逢聚首。我們每個人以自己的方式，竭力隱藏各自的激動情緒。

20

一回到病房中，我覺察到一股巨大的疲憊感。一切皆使我精疲力盡。呼吸、張開眼睛、思考，在在都把我推向某種復返的垂危境地。我已經脫離危險了嗎？還沒有。我聽見有人對我這麼說了又說。我的妻子與兒子要我放心。他們的聲音聽起來遙不可及。他們探問我是否想要他們留下來陪我過夜，不過一名助理醫師不建議他們這麼做：在強效藥物的作用下，我很快就會入睡。我聽見他們在討論。瑪莉詠與以利沙希望可以至少停留一兩個鐘頭。有他們在我身邊，讓我感到安心。模模糊糊中，我想要介入他們的談話，但我剛剛被取下一條大管子，令我喉嚨發疼。

儘管服用了安眠藥與鎮痛劑，我睡得並不好。護士、看護不停地搬動我的身體，以便讓我翻身換邊躺臥。各式各樣的針劑注射，無止境的抽血檢驗，從頭到腳反覆查核。眼睛才剛閉上，就又必須再次睜開。我的眼皮於是保持半開半閉。我想我作了一些夢，但我一點也想不起夢境的內容。我只看見灰燼一般黑暗的顏色，以及從一個巨大的壁爐中升起的熊熊熾燄，好幾排的書冊在壁爐中燒毀殆盡。

我果真倖免於難了嗎？全身而退了嗎？我有點存疑。在我看來，一切似乎都不真實。顯而易見，死亡尚未決定不再垂涎我的軀體。一種怪異的沉重感壓迫著我。沉甸甸的感受遍布胸膛、腦袋，將我拉向深不見底的溝壑。墜向殞滅。

在我內心，我始終感覺闇黑而嚴酷的敵人就在左近。我不再明白我往何處去、我身在何處、我是誰。我甚至不知道我到底需要什麼。醫師們努力說服我，此後幾天、幾週期間，我應該要有耐性，那種身體斷成幾片的感覺將會消失。但是，那到底是何時？明天？後天？啊！要是我能睡上一週、一個月就好了。

疑惑糾纏著我。假使醫生沒把真相告知我，該怎麼辦？假使我其實瀕臨死亡邊緣，我又該如何面對？所有可能的致命因素並未全面排除：我或許即將一命嗚呼。不過，我還一息尚存。歷劫歸來，若不是再度得知自己還有未來，不然還意謂著什麼？

21

那種透不過氣的壓迫感，持續了三十六個鐘頭，也許是兩天。在這段漫長的時間中，我要做什麼事都需要協助。大量的繃帶覆蓋在我的胸部與右小腿的內側。心電圖監測儀不間斷地監控我的心跳。很多長長的電線貼在我身上，以便能分析與檢測維生器官的功能。之前有人對我預告，我會喪失時間的概念與現實感。這是真的。通常，一個現實感的消失，就會有另一個來替補它。但我的感受與此不同。它變得難以界定。

第三天，我終於能夠下床。然後，也能走出病房，在走廊上走幾步路。我的健康狀態好轉，但是，胸部與腿部因開刀而來的疼痛，仍舊持續著。的確，我有一些藥物可服用，但這些藥讓我的胃頗不舒服。而且也對我的大腦有所影響，因為我的思緒變得不太清楚，各種念頭交相重疊。我漂浮在時間之中，我也漂浮在空間之中，我無法認出自己。我是誰呢？我變成什麼了？我知道自己逃過一死。但我也知道，我的人生將不再相同。

22

而上帝，也在那裡面嗎？

這個可怕的問題，是為了驅走我的焦慮與痛苦嗎？當我人在醫院，在醫生們的查房與親人的探視之間，我也這麼對自己提問。這個問題使我苦惱，它也縈繞在我曾寫下的所有篇章之中。而如我一般，愛好思考難以解決的哲學問題的人，則始終懷抱求知若渴的初衷。

我又聽見，在一個電視談話節目中，一位優秀的記者兼友人試著想知道，如果我站在上帝面前，我將對祂說的話。只有三個字。我當時回答：

「為什麼？」

而上帝的答覆呢？儘管祂極願意傳達給我，我卻不記得祂說了什麼。

經書《塔木德》告訴我們：摩西出席了阿齊巴拉比的聖經研讀課程。他詢問上帝：「由於這位經師的學識是如此淵博，祢當時為什麼把戒律碑交給我，而不是交給他？」上帝嚴厲回答他：「閉嘴！這一切都是我的意志使然！」摩西之後目睹了阿齊巴拉比死亡的慘狀，因為他受到羅馬士兵的殘酷虐待。摩西吶喊：「天主，這難道就是祢所賜予的獎賞嗎？這個人把自己的一生都貢獻在頌讚祢的律法啊！」而上帝依然嚴酷如前，厲聲重複祂的回答：「閉嘴！這一切都是我的意志使然！」

現在，為了讓我閉嘴，祂會怎麼回答我？

而我將從哪找到膽量來拒絕接受答案呢？

儘管如此，脫離垂死之際後，我再度提出了這個問題。為何是這樣的疾病？出於怎樣的原因，讓我活該承受這些痛苦？而手術的順利成功，也使我得以探問：「上帝，也在那裡面嗎？」如同人人所言，在上帝無盡的慈悲中，祂難道不會從中介入一下——總是舉手之勞——助上外科醫師一臂之力？但這麼做的目的何在？又是出於什麼理由？

幼時，我把天主完完全全置於「善」的一方，祂是絕對的良善。祂坐落於神聖之中。祂包含所有讓人的靈魂值得得救的美德。對上帝來說，「惡」就應該代表著一條通往「善」的道路嗎？

確實，對如我一般的猶太人而言，奧許維茲不僅標誌著一場人類悲劇，而且更是一樁神學醜聞。依我之見，難以辯駁的事實是：我們既無法接受有上帝存在的奧許維茲，也無法接受沒有上帝存在的奧許維茲。那麼，要如何去理解祂的沉默不語？

解釋上帝存在於惡中的種種努力，讓我苦不堪言。我思索讓我有權去揭露上帝如此面目的理由。我已經在我的第一本書《夜》，提到了一些反思，特別是在描寫於布納集中營所舉行的那場猶太新年彌撒的段落中，我寫道：「……我永遠都忘不了這個夜晚的靜寂，它蹂躪了我的上帝與我的靈魂，將我的夢想淪落成一片荒原。即使我被判決要與上帝活得一樣長久，我也永遠忘不了這一切。」但幾行過後，在同樣的這一場彌撒中，我卻誦讀了照例會誦念的禱詞與連禱文（litanie），高聲宣告對祂的信仰——亞伯拉罕、以撒、雅各等先人的上帝。

我承認我起身反抗天主，但我從未背棄祂。

由於研讀了先知們崇高而動人的經典，我願意如同〈耶利米哀歌〉（Lamentations de Jérémie）中，耶利米在提及耶路撒冷第一座聖殿的毀壞時，發出聲聲呼號：「祢殺了（祢的孩子），並不顧惜！」、「祢殺了（祢的子民），並不顧惜！」

什麼？上帝是個殺手嗎？我們之間有一些人已經在抗議上帝的沉默了！但是還沒有人膽敢把上帝稱作「殺人犯」。

第三天，我體察到有需要進行誦念日課，於是請瑪莉詠幫我帶來祈禱用披巾（talith）與經文護符匣（tephillin）。

我是為了感謝天主嗎？還是為了向上帝解釋，無論祂如何不如人意，我依舊信仰祂？然而，在神的議題上，為了提出一個理由充分的答案，我的思緒仍然混沌不清。

不過，我還是想出了一個答案，也許比較屬於私人層面：我奉行天主不輟的原因是，對於我的父母與他們的親人所投入的宗教實踐來說，這正是一種忠誠的表現。簡而言之：我之所以佩戴上經文護符匣並且遵從《妥拉》的律法，這是因為我的父母、祖父母如同他們的親人一樣，也都這麼做。就是這麼簡單，我不願成為這條長長鏈鎖的最後一人。這條鍊子在我與我的同胞的記憶中，都可以上溯至非常遙遠的年代。

我自知，這全然不是一個令人滿意的答案，它也並非理由充分。但這是唯一的答案。

這一輩子，時至今日，我都僅止於提出問題。心底卻也十分明白，真正的問題，關乎造物主與祂的造物的那些問題，皆無法獲得解答。我此後還將走得更遠，而且會這麼說：有一個層次是，只有問題是永恆存在的，而答案從未如此。

這是為何在我身體中的病人——他的個性比較寬厚——會一再述說：

「因為上帝存在，祂存在於問題之中，一如祂也存在於答案之中。」

23

在病後恢復初期，有一天，五歲的小以里亞來探望我。我擁抱他，並對他說：

「每次我看到你，又再覺得人生是個禮物。」

他一臉嚴肅，久久盯著我瞧，然後回答我說：

「爺爺，你知道我很愛你，而我呢，我也知道你生病很辛苦。你跟我說，如果我愛你多些，你的痛苦會少一些嗎？」

在那一刻，我深信祂的存在。上帝面帶微笑，凝神注視祂的造物。

24

沒有人提醒我，那種虛弱與疲憊的感受，在出院後還可能持續頗久的時間。

因此有好幾週，我像個老頭子一樣走路——畢竟，我才八十二歲而已！我要費上好大力氣，才能讓自己站起來。走了幾步路，必須停下來，因為呼吸短促，不得不休息一會兒，然後再繼續。至於胸口上的疼痛感，使我很難入眠。

醫生叮囑我務必遵行的禁令之一：不能吸菸。然而，我結婚以後就戒菸了。我同樣滴酒不沾。運氣好，我不嗜杯中物。我也不運動。我從未養成運動的習慣。

而有關「冠狀動脈繞道手術的施行，均會導致重度憂鬱症」的預測——原因為何？我並不知道，那應該跟心臟的許多神祕現象有關。就我的例子來觀察，這個預測並未成真。我又來了……也許時候未到？

25

信念。

我屬於一個經常感到自己被上帝遺棄，又被世人背叛的世代。然而，我以為，我們有必要不使彼此落單分離。

我們已經了解，比起表現寬容慷慨的行為，人類在殘暴行徑上如何更可能達於極致。而對於兇手與行刑者來說，假使他們展現出非人性的一面，那也是正常的，因而也是人性的。這些事實，是昨天或是更久以前就已得知？從今而後，難道應當遠離人類？

我認為，答案在我們每個人的心中。因為，每個人都需要在成人的暴力與孩童的微笑之間、在仇恨的醜惡與反對仇恨的願望之間，進行選擇。我們都必須在使自己的同胞遭受苦難和凌辱，與給予他們應得的同胞愛和希望之間，進行選擇。或許如此。

我知道——這是經驗之談——甚至在黑暗地府中，也可能去點燃亮光與培育同情的夢想。我知道，當我們身陷囹圄，我們也可能自由自在，並自視為解放者。我知道，甚至在流亡途中，也存在友誼，它也能成為人生的基石。我知道，在臨終前的一刻，人依舊生氣盎然。

沒錯，就是這樣：儘管人有種種惡形惡狀，我還是對人深具信心。雖然語言遭受人性的敵人所傷害、歪曲與腐化，我仍然相信語言。我持續擁抱文字，因為，我們有責任將文字變成理解的工具，而不是蔑視的載體。我們應該要作出抉擇：是期待自己使用文字去詛咒辱罵，以傷害他人，抑或使用文字去進行療癒，以安慰人心。

身為猶太人，我深信彌賽亞的降臨。但這並不意謂，所有人都變成猶太人。而是，我以為，人們僅僅只是變得更為寬容博愛、更有人性而已。這是因為，我所歸屬的那個世代，已經學會了：無論問題是什麼，冷漠與屈從皆無法成為答案。

疾病會削弱我的力量，卻無法把我化為烏有。肉體並非永生不朽，來自靈魂的思想才能恆久不滅。大腦終將入土化作春泥，而記憶卻會比它活得更久更長。

這便是奇蹟：有關絕望的故事，一轉而為反抗絕望的故事。

26

這段開心見膽的內省文字，將會因為我沒有提出這最後一個問題，而有所欠缺：我是不是已經改變了？隨著我的心臟所遭受的處置，自二〇一一年六月十六日開始的一段時期中，我發現了種種的未知事物，我也探勘了我的存在的深層紋理，那麼，我這個人依然保持不變嗎？身體所承受的疼痛與對痛苦的記憶，真實的夢魘與幻想出來的惡夢，不可或缺、必須服用的藥物，在在都可能對我的大腦產生某種效應，而不無可能，也會影響到我的靈魂。

即便與死神近距離擦肩而過，卻不會導致我內裡某些根本事物的改變，這是可能的嗎？我對死亡的感知，因而也是我對生命的感知，一如既往嗎？是否有一些行動，是承受過如此經驗的人今後不會再做的？或者，至少會以不同的方式來完成？

從某種實際的角度來看，我會回答說「是」：我已經學到了，我不應該食用某些食物，必須避免某些活動，而且應該平心靜氣接納某些處境。

然而，在此同時，我卻深深以為，我依舊是原來的我。表面上，我已經不再是二〇一一年六月十六日之前的那個我，但是在接近絕對價值領域

（亦即生與死）的層次上，我則依然故我。而差異點在於，我深知每一刻都是一個新起點，每一次與人握手都是一個承諾、一個表示內心平和的記號。

我知道，所有的尋尋覓覓都推演出又一回的追尋，正如所有的話語都可能成為禱詞一般。如果人生不是一場慶典，何苦念念不忘？如果生命——我或其他人的生命——不是對他人的奉獻，那麼我們在這個人世間又有何大事可做？

這即是這麼多年來，我觀察著人的神祕能力後，所習得的道理。儘管我的證言裡必然有所矛盾之處，我還是如此堅信。

因為，我的意識，亦即我的存在，持續把往日的記憶帶進此刻的生活之中。假使我從前所經歷的種種，那屬於亡者的遙遠他方中的經驗，並未使我改變一二的話，那麼這次的新考驗又如何能夠將我改頭換面呢？

確實，如同許久以前，如同集中營解放翌日，當我們中的某些人得以在憤怒與感恩兩者間作出選擇之際，我知道，我作了正確的抉擇。

致謝

我由衷感激以下幾位醫師：

查爾斯・弗里德蘭德（Charles Friedlander）、大衛・賽恩菲爾德（David Seinfeld）、霍華德・柯恩（Howard Cohen）、尼羅夫・沛特爾（Nirav Patel）、史帝芬・尼默（Stephen D. Nimer）。

正是因為他們竭盡心力照料我，我才得以走出末路。

我也感謝伊莉莎白・謝姆拉（Élisabeth Schemla），她的友誼一直是讓人動容的支持。

E. W.

國家圖書館出版品預行編目資料

開放的心 / 埃利・維瑟爾（Élie Wiesel）著 ; 沈台訓譯. -- 初版. -- 臺北市 : 商周, 城邦文化出版 : 家庭傳媒城邦分公司發行, 2017.04
面； 公分
譯自 : Cœur ouvert

ISBN 978-986-477-214-8（平裝）

1. 維瑟爾（Wiesel, Élie, 1928-2016） 2. 回憶錄

784.28 106003665

開放的心（Cœur ouvert）

作　　者／埃利・維瑟爾（Élie Wiesel）
譯　　者／沈台訓

責任編輯／程鳳儀
版　　權／林心紅、翁靜如
行銷業務／林秀津、王瑜
總 經 理／彭之琬
發 行 人／何飛鵬

法律顧問／台英國際商務法律事務所　羅明通律師
出　　版／商周出版
台北市中山區民生東路二段141號4樓
電話：(02) 2500-7008 傳真：(02) 2500-7759
E-mail：bwp.service@cite.com.tw
Blog：http://bwp25007008.pixnet.net/blog
發　　行／英屬蓋曼群島商家庭傳媒股份有限公司城邦分公司
台北市中山區民生東路二段141號2樓
書虫客服服務專線：(02)2500-7718・(02)2500-7719
24小時傳真服務：(02)2500-1990・(02)2500-1991
服務時間：週一至週五09:30-12:00・13:30-17:00
郵撥帳號：19863813　戶名：書虫股份有限公司
讀者服務信箱E-mail：service@readingclub.com.tw
歡迎光臨城邦讀書花園　網址：www.cite.com.tw
香港發行所／城邦（香港）出版集團有限公司
香港灣仔駱克道193號東超商業中心1樓
Email：hkcite@biznetvigator.com
電話：(852)2508-6231　傳真：(852)2578-9337
馬新發行所／城邦(馬新)出版集團 【Cite (M) Sdn. Bhd.】
41, Jalan Radin Anum, Bandar Baru Sri Petaling,
57000 Kuala Lumpur, Malaysia
電話：(603)90578822　傳真：(603)90576622
Email：cite@cite.com.my

封面設計／王志弘工作室
電腦排版／唯翔工作室
印　　刷／韋懋印刷事業有限公司
總 經 銷／聯合發行股份有限公司　電話：(02)2917-8022　傳真：(02)2911-0053
地址：新北市231新店區寶橋路235巷6弄6號2樓

■ 2017年04月6日初版　Printed in Taiwan

Original title: « Cœur ouvert » by Élie Wiesel

城邦讀書花園
www.cite.com.tw

定價／240元　版權所有・翻印必究　ISBN 978-986-477-214-8